THÉATRE DE LA MONTANSIER.

C'EN ÉTAIT UN !!!

POCHADE EN UN ACTE MÊLÉE DE COUPLETS.

Par MM. CLAIRVILLE et JULES CORDIER.

Représentée pour la première fois sur le théâtre de la Montansier,
le 31 mai 1850.

Prix 60 cent.

PARIS.
BECK, LIBRAIRE,
RUE GIT-LE COEUR, 12.
TRESSE, successeur de J.-N. BARBA, Palais-National.
—
1850.

C'EN ÉTAIT UN!!!

POCHADE EN UN ACTE, MÊLÉE DE COUPLETS.

PAR MM. CLAIRVILLE ET JULES CORDIER;

Représentée pour la première fois, à Paris, sur le théâtre de la Montansier, le 31 Mai 1850.

PERSONNAGES.	ACTEURS.
BOUCHONNET, rentier.	MM. SAINVILLE.
MOLINVILLE, propriétaire	AMANT.
TINTIN MOLINVILLE, son fils.	ALCIDE.
LUDOVIC, amoureux d'Anna.	LACOURIÈRE.
LAZARRE, domestique de Bouchonnet.	AUGUSTIN.
ANNA, sa nièce.	Mmes AZIMONT.
CLORINDE d'HERMILLY, jeune veuve	GRASSOT.

La Scène se passe à Paris, chez Bouchonnet.

Un salon, porte au fond, portes latérales.

SCÈNE PREMIÈRE

LUDOVIC, ANNA*.

ANNA, *travaillant, assise près d'une table à droite.*

Eh bien, monsieur Ludovic?... qu'est-ce que vous faites donc? (*Elle se lève; Ludovic, qui écoutait à la porte de gauche, vient à elle.*)

LUDOVIC.

Rassurez-vous, ma petite Anna, tout sommeille encore chez votre Bouchonnet d'oncle.

ANNA.

Oui, mais il peut se réveiller, et vous savez qu'hier soir il vous a fermé sa porte et m'a enjoint de vous fermer mon cœur.

LUDOVIC.

Ce n'est pas un oncle, c'est un serrurier, cet homme-là! et d'ailleurs, pourquoi toutes ces fermetures? A cause de la demande que lui a faite M. Molinville, notre propriétaire?

* L. A.

ANNA.

Hélas! oui. M. Molinville a demandé ma main pour son grand dadais de fils, qui, à 27 ans, sort du collége pour la première fois. C'est aujourd'hui qu'il arrive, c'est aujourd'hui qu'aura lieu la présentation.

LUDOVIC.

Anna!... si ce jeune oie vous épouse, foi de pharmacien, il y aura de la casse!

ANNA.

Est-ce ma faute si mon oncle tient absolument à se débarrasser de moi, pour épouser ensuite Mme Clorinde d'Hermilly, cette jeune et jolie veuve qui lui fait tourner la tête.

LUDOVIC.

Heureusement que j'ai trouvé en elle un protecteur.

ANNA.

Oui, je sais qu'elle a promis de parler pour vous si elle épousait mon oncle.

LUDOVIC.

Et comme votre oncle l'adore...

ANNA.

Sans doute, c'est une excellente protectrice; mais d'un autre côté, M. Tintin est le fils du propriétaire, et mon oncle se fait une joie de ne plus payer son terme à M. Molinville.

LUDOVIC.

Comment?

ANNA.

Eh! mon Dieu, oui! en faveur de mon mariage avec M. Tintin, mon oncle serait logé gratis.

LUDOVIC.

Allons donc!

ANNA.

C'est comme ça.

AIR : *Un homme pour faire un tableau.*

Si pour gendre il choisit Tintin,
C'est qu'au cœur l'argent lui tient ferme ;
Et que mon oncle, après l'hymen,
Ne paiera plus jamais son terme.

LUDOVIC.

Lorsqu'échoit le mien, quel ennui !
Pour le payer, dans ma détresse,
J'ai recours à ma tante..., et lui,
Paie son terme avec sa nièce.

ANNA.

Certainement que c'est bien triste! Mais voyons, monsieur Ludovic, mon oncle peut se réveiller; et maintenant que vous savez tout...

LUDOVIC.

Maintenant que je sais tout, je suis furieux! Ah! ce Molinville, cet affreux propriétaire!.... Je le haïssais déjà d'instinct!.. mais à présent!... Croiriez-vous que tous les trois mois, le 8, il avait la petitesse devenir chez moi tendre la main comme un pauvre.

ANNA.

Comme un pauvre !

LUDOVIC.

Oui, mademoiselle, oui; et j'ai été obligé de laisser amasser trois termes, pour lui rappeler qu'il est défendu de mendier à domicile.

ANNA, *gaîment.*

Et il s'est tenu tranquille ?

LUDOVIC.

Lui, oui; mais pas moi !

AIR: *L'argent est vraiment un métal sans égal.*

Pour bien me venger,
Pour le faire enrager,
Je cherche tous les jours
A lui jouer des tours.
D'abord en
Rentrant
Chaque nuit,
A minuit,
Je fais un si grand bruit
Qu'il saute dans son lit.
J'ai fait
Son portrait,
Il est sur
Chaque mur,
Et comme il est
Très laid,
Chacun le reconnaît.
Pendant les grands froids,
Chez moi, je fends mon bois,
Quitte en frappant d'aplomb,
A fendre son plafond.
J'appris à propos
Que tous les animaux
Étaient reçus fort mal
Par ce vieil animal;
Dès que je le sus
Bien vite je courus
Faire le double achat
Et d'un chien et d'un chat.
Le chien très instruit,
Chaque nuit,
Et sans bruit,
Descend tout l'escalier
Et s'arrête au premier.
Suivant ma leçon,
Ce chien va, sans façon,
Comme un vrai polisson,
Gâter son paillasson.
Aussi que de train
Le lendemain
Matin !
Il s'est déjà vengé
En me donnant congé;
Mais jusqu'à la fin,
Après ce vieux crétin
Mon chat miaulera
Et mon chien aboiera.
Oui, nous aboierons,
Oui, nous miaulerons,
Oui, nous l'assourdirons,
Et si nous délogeons,
Retenez cela :
L'homme le rossera
Le chat le griffera
Et le chien le mordra.

ANNA, *riant.*

Oh ! ce pauvre propriétaire!

~~~~~~~~~~~~~~~~~~~~~~~~~~~~~~

SCÈNE II.

LES MÊMES, CLORINDE*.

CLORINDE, *au fond.*

Eh! bien, personne?

LUDOVIC, *allant à elle.*

Mme d'Hermilly !

ANNA, *de même.*

La future de mon oncle !

LUDOVIC.

Ma protectrice !

CLORINDE, *qui est descendue.*

Oh! ne me donnez plus ce nom... il n'est plus en mon pouvoir de vous protéger.

* L. C. A.

SCÈNE III.

LUDOVIC.
Que dites-vous ?

CLORINDE, *appuyant*.
Je dis que je n'épouse plus M. Bouchonnet.

ANNA.
Ah !

LUDOVIC.
Me voilà bien !

ANNA.
Cependant, cette visite...

CLORINDE.
A pour but de lui redemander mon portrait, que, selon toute apparence, il ne veut pas me rendre.

LUDOVIC.
Je conçois, madame, qu'il ne se résigne qu'avec peine à une pareille restitution.

CLORINDE.
Demeurant dans la même maison et presque sur le même palier, ça lui était pourtant bien facile. D'ailleurs la lettre très peu aimable que le portier lui a remise de ma part, hier soir, n'admettait pas la possibilité d'une réconciliation.

ANNA.
Comment, madame, vous seriez fâchée à ce point contre mon oncle !

CLORINDE.
Oui, mon enfant.

LUDOVIC.
Il faut espérer que ça s'arrangera.

CLORINDE.
Impossible.

LUDOVIC.
Ah ! mon Dieu !... et pourquoi ?

CLORINDE.
Parce qu'en m'unissant à M. Bouchonnet, je croyais faire un mariage de raison, et que M. Bouchonnet est l'être le plus déraisonnable !...

LUDOVIC.
Ah ! c'est bien vrai !

ANNA.
Il avait l'air de tant vous aimer !

CLORINDE.
Ah ! oui, mais il m'aime trop !

ANNA.
Par exemple !

CLORINDE.
Jugez-en : Hier soir, il m'avait conduite au jardin d'Hiver. Électrisé par l'harmonie, il me parlait de notre prochain mariage dans une des allées du jardin, lorsque tout-à-coup, supposant sans doute que quelque promeneur faisait attention à moi, il me dit avec une sorte de violence : Baissez les yeux ! baissez les yeux ! mais baissez donc les yeux !.. Pour lui complaire, je fais ce qu'il exige ; mais alors, et c'était bien naturel, je heurte un jeune homme qui venait devant moi et que je ne pouvais apercevoir. — Madame, s'écrie M. Bouchonnet, c'est indécent ! pourquoi avez-vous donné un coup de coude à ce jeune homme ? — Parce que, selon votre recommandation, je baissais les yeux. — C'est faux, c'est un rival !. Et, dans sa jalousie, M. Bouchonnet me pince le bras avec force, et bouscule tout le monde pour se mettre à la poursuite de l'inoffensif promeneur, qui, fort heureusement, s'était déjà perdu dans la foule.

LUDOVIC.
Et tout cela, parce que vous aviez négligé de baisser vos paupières ?

CLORINDE, *souriant*
Ah, mon Dieu, oui.

AIR : *Du fleuve de la vie.*

Vite alors, je monte en voiture,
Je reviens et par un billet,
De crainte de mésaventure,
Je redemande mon portrait

ANNA.
Votre portrait !

CLORINDE.
Tout m'autorise
A l'ôter à ce furieux...
Comme il ne baisse pas les yeux,
J'ai peur qu'il ne le brise.

ANNA.
Oh ! mon oncle est incapable...

LUDOVIC.
Mais si vous l'abandonnez, vous m'abandonnez aussi.. Et moi qui n'avais pas d'autre appui, d'autre protecteur que vous...

ANNA.
Vous pardonnerez à mon oncle...

CLORINDE.
Quand au lieu de réparer ses torts, il les aggrave !... quand il n'a pas même daigné faire droit à ma lettre !.. Le portier la lui a remise hier soir et..

ANNA.
Excusez-le ; il est rentré fort tard, et il n'est pas encore sorti de sa chambre. Eh ! mais, voilà sa porte qui s'ouvre !

LUDOVIC, *remontant la scène pour sortir.*
Diable ! si c'était lui !

ANNA.
Non, c'est Lazarre.

SCÈNE III*.

LES MÊMES, LAZARRE.

LAZARRE, *à Bouchonnet, dans sa chambre, à gauche.*

Bien, monsieur, bien, levez-vous et réveillez-vous, je reviendrai quand vous n'aurez plus vot' cauchemar.

CLORINDE.

Mon ami, votre maître est-il visible ?

LAZARRE.

Visible! c'est-à-dire qu'il est visiblement cauchemardé.

ANNA.

Et pourquoi ?

LAZARRE.

Ah ! dame ! pourquoi ? je n'en sais rien; mais il faut qu'il ait changé cette nuit de caractère.

LUDOVIC.

Sans doute quelque mauvais rêve.

LAZARRE, *à Anna.*

Peut-être le remords d'avoir diminué mes gages.. (*les autres sourient*) Tout ce que je peux vous dire, c'est que du petit cabinet où je couche je l'ai entendu toute la nuit faire une vie de polichinelle (*les autres s'étonnent*).

AIR : *Les anguilles de Mazaniello.*

Il se parlait avec colère,
Et sans cesser de sommeiller,
Il a passé la nuit entière
A s'battre avec son oreiller.
Il voulait l'jeter par la f'nêtre,
Enfin il vient d'se réveiller,
Et j'ai vu l'instant où mon maître
Allait m'prendr'pour son oreiller.

CLORINDE, *à part.*

Serait-ce ma lettre ?..** (*souriant.*) Oh non! fou d'amour à son âge, ce n'est pas vraisemblable. N'importe, je reviendrai plus tard. (*haut.*) Au revoir Anna***; sans adieu M. Ludovic.. Je veux lui laisser le temps de se calmer.

LAZARRE.

Se calmer!... Tiens! ça me rappelle justement qu'il m'en a demandé, des calmants.

LUDOVIC.

Des calmants ?... il l'a demandé des calmants! ça me regarde... (*à lui même*) Un excellent prétexte pour revenir.

BOUCHONNET, *appelant de sa chambre.*

Lazarre! Lazarre!

* Laz. C. L. A.
** C. Laz. Lud. A.
*** Laz. Lud. C.

ANNA.

Ciel! mon oncle!... (*à Ludovic*) Partez!

ENSEMBLE.

AIR : *Du Sous-Préfet s'amuse.*

Retirez-vous,
Oui c'est lui, retirons-nous
Bien vite.
Car il ne faut pas l'irriter !
Laissons le se calmer... ensuite;
Vous pourrez vous ⎱ faire écouter.
Nous pourrons nous ⎰

Anna rentre à droite Ludovic et Clorinde sortent par le fond

SCÈNE IV.

BOUCHONNET, LAZARRE*.

BOUCHONNET, *entrant très agité, à lui-même.*

L'ai-je reçu ?... ne l'ai-je pas reçu ?...

LAZARRE.

Monsieur...

BOUCHONNET, *à Lazarre.*

Laisse-moi; ça en était-il un ? ou ça n'en était-il pas un ? J'aime à croire que ça n'en était pas un, ce serait trop horrible! J'aurai rêvé ça, bien sûr, j'aurai rêvé ça !

AIR : *Lorsque parfois.*

Joie et douleur, tout cesse avec le songe...
Et pourtant quand je suis assis
Une douleur qui se prolonge,
Sur le fait me rend indécis
Et redouble tous mes soucis !
Il faut, et c'est ce qui m'endève.
Que l'accident, dont j'ai l'esprit brouillé,
M'ait beaucoup frappé dans mon rêve
Pour que j'en souffre encor tout éveillé.

(*il s'assied.*)

LAZARRE, *qui s'est rapproché.*

Eh bien, monsieur, ça ne va donc pas mieux?

BOUCHONNET, *se levant.*

Mieux... quoi ?

LAZARRE.

Vot' cauchemar, quoi !

BOUCHONNET,

Mon cauchemar ?... ce serait ?... Il faut que je sache... mais quel moyen ? Ah! j'y suis ! (*haut et vivement*) Lazarre, où as-tu mis ma redingote ?

LAZARRE.

Laquelle, de redingote ?

BOUCHONNET.

Celle que j'avais hier soir quand je suis rentré à minuit?

* L. B.

LAZARRE.

Ah! bien! vot' redingote *noirte*; elle est encore au porte-manteau.

BOUCHONNET.

Et l'as-tu brossée?

LAZARRE, *à part*.

Saperlotte!... qu'est-ce qu'il va me dire... lui, qui a déjà diminué...

BOUCHONNET, *insistant avec force*.

L'as-tu brossée?

LAZARRE, *suppliant*.

Excusez-moi, monsieur... mais elle est encore toute sale.

BOUCHONNET, *s'approchant vivement de Lazarre qui s'effraie*.

Toute sale!.. ah! tant mieux!... Je te remercie de ton attention; tu es un brave domestique.

LAZARRE, *à part*.

Bien sûr, il est toqué.

BOUCHONNET.

Apporte-la moi tout de suite.

LAZARRE.

Tout de suite, après l'avoir brossée!

BOUCHONNET.

Si tu la brosses, je te chasse.

LAZARRE.

Alors, faut donc que je la batte?

BOUCHONNET.

Si tu la bats, je t'assomme.

LAZARRE, *à lui-même*.

Il a peur que je l'use.

BOUCHONNET, *avec impatience*.

Eh! bien?

LAZARRE.

J'y vais, monsieur... (*il sort à gauche*.)

BOUCHONNET, *seul*.

Non, je n'ai pas dû recevoir ce... (*il fait le geste de lancer un coup de pied*) puisque j'étais seul... Et pourtant, cette voix qui m'a dit... Mais puisque j'étais seul... Allons, allons, c'est un moment de folie, j'ai cru entendre, j'ai cru sentir... mais je n'ai ni entendu ni senti.

LAZARRE, *revenant*.

Voilà la redingote.

BOUCHONNET.

Donne vite (*il s'en empare vivement,*) et va-t-en.

LAZARRE, *à part*.

Il tient peut-être à la brosser lui-même; je vais lui chercher une brosse (*il sort.*)

SCÈNE V.

BOUCHONNET *seul et épiant la sortie de Lazarre*.

Il est parti... Voyons (*il a déplié la redingote au derrière de laquelle on voit la trace boueuse d'une semelle.*) C'en était un!!! Mais quel est donc le monstre, le sauvage?..... oui, sauvage est le mot.

AIR : *Sous ce tissu qu'agitent les amours.*

Quand Robinson mourant d'effroi,
Se promenait tout seul dans son royaume,
On assure qu'ainsi que moi,
Il aperçut le pied d'un homme!
Mais plus que lui, je suis terrifié,
Le pied qu'il vit ne portait pas de botte,
Et qui plus est l'empreinte de ce pied
N'était pas sur sa redingote.!

Oh! si jamais je peux mettre la main sur le cannibale...

SCÈNE VI.

BOUCHONNET, LAZARRE.

LAZARRE, *qui vient de rentrer*.

(*Lui présentant une brosse*) Voici, monsieur.

BOUCHONNET, *sans prendre la brosse*.

Tu étais là, (*cachant vivement la partie boueuse de sa redingote*) et tu as entendu?...

LAZARRE.

Rien, monsieur, je rentrais.

BOUCHONNET, *à lui-même*.

Mais j'y pense! cet animal butor dont j'ai diminué les gages... si c'était? (*haut*) Approche... Approche donc!

LAZARRE, *à part et reculant*.

Est-ce que son accès va lui reprendre!

BOUCHONNET, *à lui-même*.

Il paraît embarrassé de ses jambes.

LAZARRE.

Mais, mon Dieu, monsieur, qu'est-ce que vous regardez donc comme ça?

BOUCHONNET.

Ton pied que je regarde.

LAZARRE, *s'avançant*.

Oh! c'est un simple pied de domestique, un pied à faire des commissions; mais le vôtre est mieux; (*à part*) flattons-le pour le radoucir. (*haut*) Vous avez surtout un bien beau coude-pied.

BOUCHONNET.

Un coup de pied!

B. L.

LAZARRE.

Je vous félicite bien d'en avoir reçu un pareil de monsieur vot' père.

BOUCHONNET.

Ce serait mon... mais non... il est mort!.. Voyons, de quel coup de pied parles-tu?

LAZARRE.

Du charmant coude-pied que vous avez au bout de votre jolie jambe!

BOUCHONNET, *lui jetant la redingote.*

Imbécile! (*avec colère.*) Va-t-en.

Lazare sort par le fond et emporte la redingote.

SCÈNE VIIme.

BOUCHONNET, *seul.*

Oh! non, non... il n'aurait jamais osé lever sur moi!.. Ah! je n'aurai ni repos, ni trêve, que je n'aie découvert quel est le scélérat... Des ennemis, je m'en connais pas..; cependant, j'ai un mauvais caractère!.. Ah!.. quelque rival, peut-être?.. ce jeune homme qui avait coudoyé ma belle veuve? Mais non! c'est un coup de pied à domicile... un coup de pied reçu nuitamment dans mon escalier... et quand je l'ai reçu, il n'y avait là qu'un chien et ce n'est pas ce chien qui peut m'avoir donné... quelle bêtise!... D'ailleurs puisqu'au même moment j'ai entendu une voix qui disait: Tiens! et ça ne sera pas le dernier!... (*avec une colère mêlée de crainte*) Ça ne sera pas le dernier!..

SCÈNE VIII.

BOUCHONNET, LUDOVIC, *chargé de fioles.*

LUDOVIC.

M. Bouchonnet, votre serviteur.

BOUCHONNET.

Que vois-je?

LUDOVIC.

J'ai appris que vous étiez indisposé...

BOUCHONNET.

Indisposé?

LUDOVIC.

Et je vous apporte des calmants (*déposant les fioles sur la table*) Voici du laudanum,** de l'eau de fleur d'oranger, de l'eau de mélisse et de l'opium avec de la bourrache pour faire suer...

* B. L.
** L. E.

BOUCHONNET.

Monsieur, vous devez bien savoir que votre présence me fait suer sans bourrache.

LUDOVIC, *irrité.*

Monsieur!.., (*se calmant.*) Ah! voilà!.. parce que j'ose aspirer à la main d'Anna...

BOUCHONNET.

Que vous n'aurez jamais. C'est mon dernier mot.

LUDOVIC, *élevant la voix et détachant ses mots.*

Oh! j'espère bien que ce ne sera pas le dernier.

BOUCHONNET, *à part.*

Ce ne sera pas le dernier!... Juste, comme hier soir! Et il demeure dans mon escalier, et je lui ai refusé ma nièce!.. si c'était?..

LUDOVIC.

J'ai aussi apporté quelques pilules; vous en serez content.

BOUCHONNET, *à part.*

Oh! si c'est lui, d'après sa menace, il recommencera... Insultons-le pour qu'il recommence tout de suite. (*haut*). Mais vous ne vous rappelez donc pas (*appuyant*); misérable drôle, que je vous ai interdit l'entrée de mon domicile.

LUDOVIC, *avec calme.*

Monsieur, la pharmacie entre partout; je vous prie de me considérer comme un produit pharmaceutique.

BOUCHONNET.

C'est aussi comme ça que je vous considère, monsieur; je vous considère (*appuyant*) comme une drogue. *Il tourne vivement le dos à Ludovic et il se tient légèrement courbé.*

LUDOVIC, *qui n'a pas vu ce mouvement.*

Monsieur!... (*à part et étonné de la posture de Bouchonnet.*) Qu'est-ce qu'il a? (*à Bouchonnet qui, après avoir jeté de côté un coup d'œil sur les pieds de Ludovic, s'est redressé et lui fait face.*) Vous préférez le mot drogue, vous avez tort. Depuis qu'on a remplacé les apothicaires par les pharmaciens, les drogues sont devenues des produits pharmaceutiques.

BOUCHONNET.

Mais vous ne comprenez donc pas que j'ai le dessein de vous outrager, vous qui frappez les gens dans l'ombre!

LUDOVIC.

Plaît-il?

BOUCHONNET.

Vous qui attaquez les gens par derrière!

SCÈNE VIII.

LUDOVIC.

Par... Monsieur, vous me confondez encore avec les apohicaires.

BOUCHONNET.

Je veux savoir si tu accompliras ta menace, lâche que tu es! (*il se retourne et présente de nouveau son derrière à Ludovic.*)

LUDOVIC.

Monsieur!.. (*étonné et à part.*) Encore! (*haut.*) Allons, allons, vous avez besoin de vous calmer, voici des calmans, calmez-vous.

BOUCHONNET, *ouvrant la fenêtre, et jetant les médicaments dans la rue.*

Tiens! la voilà, ta pharmacie. Et maintenant que je t'ai outragé dans tes produits, je t'outrage encore dans ta personne, et je t'appelle lâche! lâche! lâche! (*il se retourne, et de nouveau présente son derrière à Ludovic*).

LUDOVIC, *riant.*

(*à part.*) Décidément, il est fou!

BOUCHONNET, *à part.*

Je n'ai rien senti!... Ce n'était donc pas lui!.. mais qui ça peut-il être?... Oh! je le saurai.

MOLINVILLE (*en dehors*).

Mais viens donc, Tintin!. Allons donc!

LUDOVIC.

Mon ri al!

BOUCHONNET, *avec impatience.*

Allons, bon! maintenant voilà les Molinville qui viennent pour la demande en mariage! Oh! avant tout je veux connaître...

LUDOVIC.

Je vais lui faire dégringoler les escaliers (*il sort par le fond en courant*).

BOUCHONNET.

Oh! quelle idée!.. le portier doit savoir.. Eh! vite!... (*Il sort à droite. Au moment où Bouchonnet sort par la droite, on entend quelqu'un dégringoler au fond.*)

MOLINVILLE, *en dehors et se montrant.*

Oh! mon Dieu!

TINTIN, *en dehors.*

Oh! là, là, là, la!

LUDOVIC, *en dehors.*

Je vous demande mille pardons., je ne l'ai pas fait exprès...

MOLINVILLE, *près d'entrer.*

Mon fils!... Et dire que j'ai un lombago qui m'empêche... (*Appelant*) Tintin!

TINTIN, *en dehors,*

Papa!

MOLINVILLE,

Estublôssé?

TINTIN, *pleurant,*

Je crois qu'oui i i i i i...

SCÈNE IX.

MOLINVILLE puis TINTIN.

MOLINVILLE, *il est courbé et marche avec peine.*
Entrant et parlant à Tintin hors de vue.

Blessé, où ça?

TINTIN, *paraissant; il porte un habit de lycéen.*

A la tête; j'ai une bosse, regardez plutôt, papa, ah! ah! ah! ah!

MOLINVILLLE, *avec un sentiment de douleur.*

Oh!

TINTIN.

Est-ce qu'elle est bien grosse?

MOLINVILLE

Non!... Je disais: oh! parce que j'ai voulu me redresser pour voir ton bobo. et que j'en suis empêché par mon lombago. Voyons, aide-moi à m'asseoir, mon fils.

TINTIN.

Vous asseoir. je ne peux pas.. je suis tombé. (*il s'assied à droite.*)

MOLLINVILLE, *qui s'est assis à gauche montrant,*
Tintin.

Et dire que c'est ce brigand de Ludovic... Oh! mais sois tranquille, je te vengerai, je... (*criant*) Oh!

TINTIN.

Ne criez donc pas comme ça, papa; que vous êtes douillet!

MOLINVILLE.

Douillet!.. je voudrais bien t'y voir. Depuis hier que je ne peux pas redresser mon échine...

TINTIN.

C'est vrai que vous êtes cassé en deux... mais les morceaux en sont bons; ça peut se remettre. (*Ils se lèvent*).

MOLINVILLE.

Oui, c'est ce que me disait cet imbécile de médecin homéopathe que j'ai fait venir ce matin et qui m'a conseillé...

TINTIN.

Quoi?

MOLINVILLE.

Ça ne te regarde pas... repasse le compliment que tu dois faire à ta future.

TINTIN.

Je le repassais quand j'ai dégringolé... ça me l'a fait oublier.

MOLINVILLE.

Maladroit !

TINTIN

Que vous me connaissez peu! mais c'est très-adroit, au contraire ! ça me dispense de le réciter. Je dirai à ma future que j'ai une bosse.

MOLINVILLE

Grand puéril ! Est-ce qu'on dit à sa future qu'on a des bosses... Non ! il faudrait trouver plutôt un moyen ingénieux...

TINTIN, *réfléchissant*.

Un moyen ingénieux, cherchons ensemble... Si je la priais de me mettre une compresse, de me bassiner avec de l'eau de Boule?...

MOLINVILLE.

Ça n'est pas trop ingénieux, mais c'est simple, ça peut te poser en victime ! Va te faire appliquer une compresse.

TINTIN.

Oui, mais je ne la connais pas, ma future... et je ne vois personne.

MOLINVILLE

Eh ! bien cherche !...(*allant s'asseoir.*) Mon lombago m'ôte toute énergie.

TINTIN, *indiquant la porte d'Anna*.

De ce côté, peut-être. (*Il remonte à droite*)

MOLINVILLE.

Et surtout ne va pas faire quelque ânerie ; car tu es bien bête !

TINTIN, *revenant*.

Papa, vous me dites toujours que je suis une bête... mais je vous prouverai que j'en vaux bien un autre !... Il y a de l'esprit dans cette boule là ! Ah! sapristi ! que je voudrais donc me la faire bassiner ! (*il entre à droite.*)

SCÈNE X.

MOLINVILLE, *seul, se levant sans pouvoir se redresser*.

J'ai vu l'instant où j'allais dire à mon nigaud de fils comment j'avais attrappé cet effort. Diable ! non, ne le disons à personne ; car j'en suis sûr, hier soir, à minuit, quand j'ai voulu corriger ce maudit chien, c'est un de mes locataires que j'ai atteint dans l'ombre ; quand j'ai frappé, (*il fait le geste de lancer un coup de pied,*) en disant: Tiens, ce ne sera pas le dernier !.. un cri d'homme s'est fait entendre au lieu d'un cri de chien. Mon pied, qui devait s'arrêter à six pouces du sol, dans les environs de la queue du caniche, ne s'est arrêté que beaucoup plus haut; et de la violence du coup est résulté cet inconvénient dorsal... Mais conçoit-on ce médecin homéopathe qui me conseille d'aller à la halle aux blés, d'y choisir un fort, de me faire appliquer par ce fort, un coup de pied encore plus fort que celui qui m'a donné cet effort, c'est trop fort !

BOUCHONNET, *au dehors*.

C'est bien, prenez que je n'aie rien dit.

MOLINVILLE.

La voix de Bouchonnet... lui qui a toujours de l'eau des carmes, si je lui en demandais pour me frotter... ça me soulagerait. (*Bouchonnet rentre par la porte du fond.*)

SCÈNE XI.

MOLINVILLE. BOUCHONNET. *puis*, ANNA et TINTIN.

BOUCHONNET, *à lui même et désespéré*

Personne ! le portier n'a vu monter personne après moi.

MOLINVILLE.

Bonjour. mon cher Bouchonnet.

BOUCHONNET.

Ah ! le propriétaire ! il saura peut-être , (*s'apercevant que Molinville est courbé en deux, il croit qu'il le salue et le salue aussi.*) Salue bien, (*voyant qu'il conserve la même posture*) Ah! cet excès de politesse!.. (*hou!*) Mais vous me confusionnez, mon cher; relevez-vous donc.

MOLINVILLE.

Ce serait avec plaisir , mais ma douleur de reins...

BOUCHONNET.

Ah ! mon pauvre ami, chacun a ses douleurs , ici-bas.

MOLINVILLE.

Oui, mais tout le monde n'a pas d'eau des carmes.

BOUCHONNET.

Eh! il s'agit bien d'eau des carmes! (*à lui-même*) Il s'agit de vengeance ! (*haut.*) Voyons, vous étiez chez vous, hier, à minuit ?

MOLINVILLE.

Sans doute.

BAUCHONNET.

Et pas couché?

MOLINVILLE.

Non.

BOUCHONNET.

Alors vous avez entendu...

MONINVILLE.
Qui ça! le chien ?

BOUCHONNET.
Non, pas le chien ; je vous parle de l'homme.

MOLINVILLE.
L'homme au chien ?

BOUCHONNET.
Non, l'homme au coup de pied.

MOLINVILLE.
L'homme qui l'a reçu ?

BOUCHONNET.
Non, l'homme qui l'a donné ?

MOLINVILLE.
Parbleu, si je le connais ! (*il fait quelques pas à droite en souriant.*)

BOUCHONNET.
Vous le connaissez ? Ah ! mon ami, mon cher ami ! nommez-le vite, que je l'assomme, car ce coup de pied, c'est moi qui l'ai reçu.

MOLINVILLE, *qui se retourne sur les derniers mots.*
Hein ?

BOUCHONNET.
Eh ! bien, son nom ?

MOLINVILLE.
Quoi ? (*ils se rapprochent.*)

BOUCHONNET
Vous venez de me dire...

MOLINVILLE.
Rien...

BOUCHONNET.
Comment ! vous ne m'avez pas dit: Parbleu ! si je le connais !

MOLINVILLE, *vivement.*
...Sais !...

BOUCHONNET.
C'est qui ?

MOLINVILLE, *reprenant.*
Parbleu! si je le connais... sais !

BOUCHONNET.
Eh bien c'est ?...

MOLINVILLE, *de même.*
...Sais !... à l'imparfait. Vous m'avez coupé mon mot. Je vous le nommerais si je le connaissais ; mais comme je ne le connais pas, je ne peux pas vous le nommer.

BOUCHONNET.
Ah ! tant pis ! ah ! tant pis ! car, voyez-vous, il serait fort, il serait faible, il serait jeune, il serait vieux ; il serait grand comme la colonne Vendôme et large comme la place du Carousel, que je n'en ferais qu'une bouchée... Ah ! oui, Molinville, je me vengerai.... Je le mangerai. (*Il pousse brusquement Molinville qui pousse un cri et qui tremble.*) Eh bien! qu'avez-vous donc ?

MOLINVILLE.
Je ne suis pas à mon aise.

BOUCHONNET.
C'est votre douleur de reins... Voulez-vous que je vous reconduise chez vous ?

MOLINVILLE.
Oui, je le veux bien. Ce n'est pas de refus.. Mais j'étais venu pour vous présenter mon fils Tintin... Je crois qu'il vous cherche. (*Anna et Tintin entrent par la droite.*) Justement, le voilà. (*Tintin a un bandeau sur le front*).

BOUCHONNET, *sans regarder Tintin et sans voir Anna.*
Ne me parlez pas de votre fils, ne me parlez pas de mariage.

ANNA, *à part.*
Qu'entends-je !

TINTIN, *de même.*
Ciel !

BOUCHONNET
Ma nièce ne se mariera, je ne me marierai moi-même que lorsque je connaîtrai celui qui m'a donné ce que j'ai reçu.

ANNA *et* TINTIN, *de même.*
Ce qu'il a reçu ?

MOLINVILLE.
A quoi bon ?

BOUCHONNET, *il commence à marcher ayant Molinville sous le bras.*
Parce qu'il y va du repos de toute ma vie et que je donnerais tout au monde, oui, tout ce que je possède, tenez, ma nièce elle-même, pour savoir qui m'a fait cadeau de ça hier au soir. (*Secousse et cri de Molinville*)

TINTIN *et* ANNA
Un cadeau !

BOUCHONNET.
Mais celui qui m'a fait ce présent anonyme ne se nommera jamais !

MOLINVILLE, *à part.*
Oh ! non, jamais !

(*Bouchonnet sort en soutenant Molinville qui se heurte contre la porte et qui pousse un cri.*)

AL. T. M

SCÈNE XII.
TINTIN, ANNA.

TINTIN.
Qu'est-ce que j'ai entendu ?

ANNA.
Mon oncle a reçu un présent anonyme, hier soir...

TINTIN.
Et il donnerait tout au monde...

ANNA.
Et celui qui lui a fait ce présent ne se nommera jamais !... (*à elle-même*). Quel espoir !

TINTIN, *à lui-même*.
Quel chagrin! notre mariage qui est ajourné !

ANNA, *de même*.
Vite! écrivons à Ludovic! (*elle entre à gauche.*)

SCÈNE XIII.
TINTIN, *seul*.

Ah! j'ai une idée! Mademoiselle?... (*ne la voyant plus.*) Eh! bien ! où donc est-elle ?.. n'importe !... O amour! amour! toi à qui je ressemble par mon bandeau, toi qui me protéges, merci! tu es aveugle, mais moi, je ne suis pas sourd, vois-tu !... et, à présent que je sais que M. Bouchonnet donnerait tout au monde, même sa nièce, pour connaître l'auteur anonyme de la chose flatteuse qu'il a reçue hier au soir, il faut prouver à papa que nous ne sommes pas aussi bête que notre petit air en a l'air... M. Bouchonnet ne peut-être loin, courons après lui.

(*Il sort en courant et se rencontre avec Bouchonnet qui entre.*)

SCÈNE XIV.
TINTIN, BOUCHONNET.

BOUCHONNET, *le reconnaissant*.
Tintin! Ah! mon Dieu! seriez-vous blessé?

TINTIN, *indiquant son bandeau*.
Non, c'est une bosse... et mademoiselle votre nièce m'a appliqué ce bandeau....

BOUCHONNET.
Ma nièce?

T. B.

TINTIN.
Avec de l'eau de boule.

BOUCHONNET.
Vous avez vu ma nièce ?

TINTIN.
Oui ! et je venais pour vous parler...

BOUCHONNET.
Ah!... me parler de votre mariage... Non ! non, plus tard... je suis tellement ému!...

TINTIN, *avec finesse*.
Oui, je sais ce qui vous émotionne.

BOUCHONNET.
Vous savez?...

TINTIN, *de même et avec satisfaction*.
Ce que vous avez reçu hier au soir.

BOUCHONNET.
Ciel!... et qui a pu vous apprendre?...

TINTIN, *de même*.
Personne... j'étais dans la confidence.

BOUCHONNET.
Dans la confidence !

TINTIN, *de même*.
C'était une surprise... là..., soyez de bonne foi, vous avez été surpris.

BOUCHONNET.
Oui!.. oh, oui!

TINTIN, *de même*.
Et vous n'avez pas deviné?

BOUCHONNET.
Non! mais si vous connaissez...

TINTIN, *se penchant à son oreille*.
Chut ! plus bas !... Je ne voulais pas vous le dire... mais...

BOUCHONNET.
Oh ! parlez, Tintin, je vous en supplie.

TINTIN, *à part*.
Ai-je de l'esprit !

BOUCHONNET.
Si vous me nommez l'être invisible que je cherche depuis hier, je vous embrasse, je vous comble de bienfaits, je vous donne ma nièce tout de suite, à l'instant même.

TINTIN, *à part*.
Sa nièce !... Qu'on est heureux d'avoir de l'esprit!

BOUCHONNET.
Eh bien! parlerez-vous?... Cet homme... c'est... c'est ?...

TINTIN, *après une hésitation calculée et gaiment*.
C'est moi

BOUCHONNET.
Toi !
TINTIN, *riant et affirmant.*
Moi.
BOUCHONNET.
Toi, qui, hier?...
TINTIN, *de même.*
Oui.
BOUCHONNET.
Dans l'escalier?...
TINTIN, *de même.*
Oui.
BOUCHONNET, *lui lançant un coup de pied.*
Tiens !
TINTIN, *avec terreur.*
Ah !
BOUCHONNET, *de même.*
Deux !
TINTIN, *de même.*
Oh !
BOUCHONNET, *de même.*
Trois !
TINTIN, *criant.*
Papa !...
BOUCHONNET, *le poursuivant à coups de pied.*
Quatre ! cinq ! six !
TINTIN.
A la garde !
BOUCHONNET, *de même.*
Sept ! huit ! neuf !
TINTIN.
Au secours !.. (*Il se sauve à gauche. Bouchonnet revient et se laisse tomber sur une chaise*)

SCÈNE XV.

BOUCHONNET, *seul, avec une satisfaction bruyante.*

Ah ! ça soulage!... ça fait du bien !.. J'avais besoin de ça... Ce misérable Tintin..... (*se levant*) Tintin ?... mais j'y pense !.... hier encore il était au collége... Son père me disait à l'instant même qu'il venait d'arriver,... ce n'est donc pas lui ?.... D'ailleurs, pour quel motif?.. Il ne serait pas venu se vanter... Ah ! ce pauvre garçon ! il se sera mal expliqué ; il est si bête !... et moi, je suis tellement vif !... (*il gesticule en se parlant à lui-même.*)

SCÈNE XVI.

BOUCHONNET, CLORINDE.

CLORINDE, *entrant par le fond et à part.*

Il est seul... allons, puisqu'il n'a pas répondu à ma lettre, redemandons-lui mon portrait de vive voix.

BOUCHONNET, *à lui même.*

Courons lui faire des excuses ! (*apercevant Clorinde*) Que vois-je !

CLORINDE, *saluant.*

Monsieur...

BOUCHONNET.

Ah ! belle dame... votre présence est un baume pour mon cœur.

CLORINDE, *surprise.*

Votre cœur ?

BOUCHONNET.

Je suis si aise de voir un visage... ami !...

CLORINDE, *à part.*

Cet accueil... après la lettre de rupture que je lui ai écrite hier.

BOUCHONNET, *lui avançant le fauteuil.*

Veuillez donc vous asseoir.

CLORINDE.

Je resterai debout, s'il vous plaît.

BOUCHONNET.

De quel air vous me dites cela, méchante ! seriez-vous encore fâchée ?

CLORINDE.

Certainement, monsieur; et ce qui m'étonne, c'est que vous ne le soyez pas vous-même.

BOUCHONNET, *vivement.*

Je le suis.

CLORINDE.

Ah !

BOUCHONNET.

Ah ! oui, fâché de mes emportements ; mais vous êtes si bonne, si indulgente, que vous pardonnerez...

CLORINDE.

Vous devez bien savoir que non.

BOUCHONNET.

Hein ?... Oui, je comprends qu'une offense préméditée puisse vous trouver inflexible, mais...

CLORINDE.

Vous être oublié jusqu'à me...

BOUCHONNET.

Ah ! je n'ai fait que vous presser le bras.... un peu... c'est trop, j'en conviens, mais la passion justifie...

CLORINDE.

Laissons cela, je me suis vengée de votre outrage et...

BOUCHONNET.

Vous vous êtes vengée ?

CLORINDE.
Il me le semble du moins.

BOUCHONNET, *à part*.
Ah ! parce qu'elle m'a quitté au concert !... (*haut et gaîment*.) Je n'appelle pas cela une vengeance.

CLORINDE.
Pas une vengeance ! mais vous ne sentez donc rien, monsieur ?

BOUCHONNET.
Pardon (*à part*). Comment ! je ne sens rien !

CLORINDE.
Il faut que vous ayez bien peu d'amour-propre.

BOUCHONNET.
Au contraire.. (*à part*) que signifie ?

CLORINDE.
Libre à vous de prendre les choses du bon côté.

BOUCHONNET.
Du bon côté ?

CLORINDE.
Sans doute.

BOUCHONNET, *à part*.
Est-ce qu'elle saurait ?.. Mais, madame...

CLORINDE.
Toute explication est inutile.... après ce que vous avez reçu hier soir...

BOUCHONNET.
Ciel ! n'achevez pas, madame ! (*à part*) Elle connaît mon affront (*haut*). Eh bien! oui, oui, c'est l'affreuse vérité... je l'ai reçu.

CLORINDE.
J'espérais qu'un homme aussi susceptible que vous comprendrait son devoir, et qu'il ne garderait pas...

BOUCHONNET, *avec force*.
Garder !... mais n'en croyez rien ! mon plus grand bonheur serait de le rendre.

CLORINDE.
En ce cas, monsieur, rendez donc, et tout de suite.

BOUCHONNET, *avec plus de force*.
Mais à qui, madame, à qui ?

CLORINDE.
Mais, à moi, monsieur !

BOUCHONNET, *stupéfait*.
A vous !

CLORINDE.
Dame ! n'est-ce pas moi qui vous l'ai donné ?

BOUCHONNET, *à part avec explosion*.
Elle ! c'était elle !

CLORINDE.
Et j'attends.

BOUCHONNET, *surpris*.
Quoi ?

CLORINDE.
J'attends que vous me le rendiez.

BOUCHONNET.
Ah ! madame.... madame... ce n'est pas sérieusement

CLORINDE.
Je vous le demande en grâce.

BOUCHONNET.
Oh ! non, non ! c'est impossible !

CLORINDE.
Impossible !

BOUCHONNET.
J'aimerais mieux encore en recevoir un second.

CLORINDE, *souriant*.
Je crois bien..., vous n'êtes pas difficile.

BOUCHONNET *à lui-même*.
Elle me brave !

CLORINDE.
Eh bien ! mais dépêchez-vous donc. Je l'exige !

BOUCHONNET.
Vous l'exigez ?

CLORINDE.
Absolument.

BOUCHONNET.
Ah ! ma foi, si vous l'exigez absolument..... (*Il lève la jambe qu'il laisse retomber presqu'aussitôt en rencontrant les yeux de Clorinde, et il se met à exécuter un pas de danse.*)

CLORINDE.
Qu'est-ce que vous avez donc ?

BOUCHONNET.
Rien... c'est un pas que j'essaie. Je voulais le danser à notre noce... mais la difficulté (*à part*) et un reste d'amour...

CLORINDE, *à part*.
Ah ! mon Dieu ! est-ce qu'il devient fou !

~~~~~~~~~~~~~~~~~~~~~~~~~~~~~~~~~~~~~

SCÈNE XVII.

LES MÊMES, LUDOVIC

LUDOVIC, *qui est entré vivement*.
Ah ! vous êtes occupé... je reviendrai....

* B. C. L.

SCÈNE XVIX.

BOUCHONNET.

Ludovic !...

LUDOVIC, (*à Bouchonnet.*)

Je reviendrai.

CLORINDE.

Au contraire, entrez, monsieur Ludovic, et soyez témoin...

BOUCHONNET.

Comment ! elle veut que devant un témoin ?..

LUDOVIC, *à part, une lettre à la main.*

Je ne comprends rien à la lettre d'Anna... Elle m'écrit de dire que c'est moi qui, hier au soir..... Ma foi ! obéissons ! (*il met la lettre dans sa poche.*)

BOUCHONNET.

Sortez, monsieur, de chez moi !

LUDOVIC, *avec aplomb et souriant.*

Monsieur, vous ne me parlerez plus avec cette rigueur quand vous saurez que c'est moi qui vous ai donné ce que vous avez reçu hier soir...

BOUCHONNET.

Lui, à présent ! Ah !... gueux !

LUDOVIC.

Hein ?

BOUCHONNET.

Attends !

LUDOVIC, *fuyant.*

Eh bien !...

BOUCHONNET, *courant après lui.*

Oh ! je t'attraperai !

LUDOVIC.

Monsieur Bouchonnet !...

(*Ils font le tour du théâtre en courant ; à quelques pas de la porte du fond, Bouchonnet se croyant assez près de Ludovic pour l'atteindre, lui lance sa jambe de toutes ses forces, et Molinville, qui entrait à ce moment, reçoit le coup de pied.*)

SCÈNE XVIII.

LES MÊMES, MOLINVILLE, TINTIN, ANNA.

MOLINVILLE.

Oh !

BOUCHONNET.

Ah !

ANNA, *accourant.*

Quel est ce bruit ?

MOLINVILLE, *que la violence du coup a redressé.*

Tiens !... je suis redressé !... (*il se tâte les reins avec satisfaction.*)

TINTIN.

On assassine papa !... à la garde !...

MOLINVILLE.

Veux-tu te taire ! *

BOUCHONNET.

Ah ! mon ami, que d'excuses !...

MOLINVILLE.

Que de remerciments, au contraire !... je ne sens plus rien.. vous m'avez guéri homéopathiquement ; et puisque vous avez tout appris, et que vous m'avez rendu ce que je vous ai donné hier soir...

BOUCHONNET, *s'écriant avec stupeur.*

Hein ?...

MOLINVILLE.

Sans doute... Je dois vous dire que c'est par erreur que je vous ai frappé ; je croyais frapper le chien de M. Ludovic.

LUDOVIC.

Mon chien ! (*à part*). Vieux brigand !

BOUCHONNET.

C'est à n'y rien comprendre... (*montrant Molinville.*) Lui, (*montrant Ludovic*), lui, (*montrant Clorinde*), elle... Je n'en ai pourtant reçu qu'un !...

SCÈNE XIX.

LES MÊMES, LAZARRE.

LAZARRE, *accourant.*

Monsieur, voilà une lettre *.

CLORINDE, *qui s'est approchée.*

Que vois-je ! la mienne.

LAZARRE *à Bouchonnet.*

Le portier a oublié de vous la remettre hier soir en rentrant.

TINTIN.

Papa, pourquoi donc qu'il vous a fichu aussi un coup de...

MOLINVILLE.

Silence, ô mon fils !

TINTIN *à lui-même.*

Allons ! allons ! il n'est pas brave, papa !

BOUCHONNET, *qui a lu à Clorinde ;*

Se peut-il ?.. Eh ! quoi ! ce que vous... ce que je...

* T, L, C, M, R, A.
** T, M, L, C, E, A.

CLORINDE, *souriant.*

Eh bien! monsieur, me rendez-vous enfin mon portrait?

BOUCHONNET.

Jamais! oh! jamais, madame, c'est à vos genoux... (*Il se met aux genoux de Clorinde.*)

LUDOVIC, *se mettant aussi aux genoux de Clorinde.*

Pardonnez à M. Bouchonnet.

BOUCHONNET, *toujours à genoux.*

Mais à propos, monsieur! qu'est-ce que vous m'avez donc donné hier soir, vous?

LUDOVIC, *de même.*

Moi, rien du tout.

BOUCHONNET, *se levant*

Mais vous disiez.

LUDOVIC, *se levant.*

Ne parlons plus de cela! (*à Clorinde*). Madame, je connais votre bon cœur!... Si M. Bouchonnet consentait à mon mariage avec sa nièce, n'est-ce pas que vous lui pardonneriez à cette condition!

CLORINDE.

Mais, monsieur!...

BOUCHONNET.

Pour obtenir ma grâce, il n'est pas de sacrifices...

LUDOVIC, *à Clorinde.*

Songez que d'un mot vous massacrez trois personnes!...

CLORINDE, *souriant.*

Eh bien! nous verrons...

LUDOVIC, ANNA *et* BOUCHONNET *avec joie.*

Ah! Madame!...

TINTIN.

Et moi, papa?

MOLINVILLE.

Silence, ô mon fils!

TINTIN *à lui-même.*

Allons! allons! il est très embêtant, papa!

BOUCHONNET

Quelle journée! et comment me justifier de tant d'erreurs!...

AIR *de Madame Farart.*

J'ai donné dans cette bagarre,
Et, sans respect pour le public,
Des coups de pieds à Tintin, à Lazare,
A Molinville et presqu'à Ludovic.

(*Parlant en regardant Clorinde.*) Et même il s'en est fallu de bien peu... Oh! ça me fait frémir! je ne sais pas si vous êtes comme moi, mais je frémis...

(*Continuant le Couplet.*)

Aussi, Messieurs, pour la presse
Ne dise pas avec dédain,
Qu'on n'voit qu'des coups d'pieds dans la pièce,
Finissez par des coups de main!

TOUS.

Ah! remplacez les coups d'pied de la pièce
Par d'innombrables coups de main!

FIN.

Imp. de MAISTRASSE et Comp. Place du Chevalier-du-Guet, 3.

EN VENTE CHEZ LE MÊME ÉDITEUR :

Les Circonstances atténuantes.	40	Une Séparation.	40
La Chasse aux Vautours	40	Le roi Dagobert.	60
Les Bourgeoises.	40	Fière Gaillarde.	60
Une Femme sous les Scellés.	40	Nicaise à Paris.	40
Les Aides-de-Camp.	50	Le Troubadour-Omnibus.	70
Le Mari à l'essai.	50	Un Mystère.	60
Chez un Garçon.	40	Le billet de faire part.	40
Jockey-Club.	40	Polichinelle.	60
Jeovce.	50	Fiorina.	50
Les deux Couronnes.	60	La Sainte-Cécile.	6
Au Croissant d'argent.	50	Foscia.	60
Le Château de la Roche-Noire.	60	Deux Filles à marier.	50
Mon illustre ami.	40	Monseigneur.	60
Le premier Chapitre.	50	A la b. de l'Étoile.	40
Totma en congé.	40	Un Ange tout aire.	50
L'Omelette Fantastique	50	Un Joueur de Loterie.	60
La Dragonne.	50	Wal ace.	50
La Sœur de la Reine.	60	L'Écolier d'Oxford.	40
La Vendetta	50	L'Oiseau du Bocage.	60
Le Poète.	50	Paris à tous les Diables.	60
La Maîtresse anonyme.	50	Une Averse.	50
Les Informations Conjugales	50	Madame de Cérigny.	60
Le Loup dans la Bergerie.	50	Le Fiacre et le Parapluie.	50
L'Hôtes de Rambouillet.	60	Morale en action.	50
Les deux Impératrices.	60	Liberté Libertas.	50
La Caisse d'Épargne	60	L'Île du Prince Toutou.	40
Thomas le Rageur.	50	Mimi Poisson.	50
Derrière l'Alcôve.	40	Caméons.	50
La Villa Dufot.	50	Les deux Viveurs.	50
Perdue	5	Les deux Pierrots.	50
La Femme à la Mode.	40	Seigneur des Broussailles.	50
Les égarements d'une Canne et d'un Parapluie.	60	Un Poisson d'avril.	50
		Deux Tambours.	30
Les deux Anes.	50	En Carnaval.	40
Frloquet, coiffeur des Dames.	10	L'Amour dans tous les quartiers	50
L'Anneau d'Argent.	50	Madame Bugolin.	60
Henriette contre l'embonpoint.	60	Petit Poucet.	60
Don Pascale.	50	D'Aranda.	60
Mademoiselle Déazet au Sérail	40	Partie à trois.	50
Touboulet le Cruel.	60	Une Femme qui se jette par la Fenêtre.	50
Hermance.	50		
Les Canuts.	50	Une Voix.	50
Entre Ciel et Terre.	50	Agnès Bernau.	60
La Fille de Figaro.	60	Amours de M. Bénis.	50
Motu est Quenon Hr.	50	Porthos.	50
Angélique et Médor.	50	La Pêche aux Beaux-Pères.	50
Louisa.	60	Révolte des Marmousets.	60
Jocrisse en Famille.	40	Le troisième Mari.	50
L'autre part du Diable.	50	Un premier sourire.	60
La Chasse aux B. les Filles.	60	L'homme et la mode.	60
La Salle d'Armes.	40	Un Confidence.	60
Une Femme compromise.	40	Le Ne veu or.	60
Patineau	50	L'Almanach des 25,000 adresses.	50
Mad me B Laud.	60		
L'Esclave du Cameons.	50	Une Histoire de Voleurs.	60
Les Réparations.	50	Les Murs ont des oreilles.	60
Mariage du Gamin de Paris.	50	L'Enseignement Mutuel.	60
Veille du Mariage.	60	La Charbonnière.	60
Paris bloqué.	60	Le Code des Femmes.	50
Un Ménage Parisien.	4	On demande des Professeurs.	
La Bambinière.	70	Le Pot aux Roses.	50
Adrien.	50	La Grande et les Petites Bourses.	60
Pierre le millionnaire.	60		
Carlo et Carlin.	50	L'Enfant de la Maison.	50
Le Moyen le plus sûr.	50	Brève d'Amour.	50
Le Papillon Jaune et Bleu.	50	La Comtesse de Morangès.	50
Polka en province.		B. l'Au 2008.	
La Poule et l'Écusson.	60	Le Chêne et le Pot-au-Feu.	30

Les Pommes de Terre malades	60	Une Existence décolorée.	5
Le Marchand de Marrons.	60	Elle..... ou la Mort!	5
V'là ce qui vient de paraître.	60	Didier l'honnête homme.	60
La Loi Salique.	40	L'Enfant de quelqu'un.	60
Nuage au Ciel.	70	Les Chroniques bretonnes.	50
L'Eau et le Feu.	60	Haydée ou le Secret.	5
Beaugaillard.	50	L'Art de ne pas donner d'Étrennes.	40
Mardi gras.	60		
Le Retour du Conscrit.	6	Le Puff.	4
Le Mur perdu.	60	La Tireuse de Cartes.	50
Jeux de l'Olympe.	50	La Nuit de Noël.	60
Le Carillon de Saint-Malalé.	50	Christophe le Cordier	50
Geneviève.	60	La Rose de Provins.	50
Mademoiselle ma Femme.	40	Les Barricades de 1848.	40
Mal du pays.	50	34 Francs! ou sinon!...	50
Mort civilement.	60	La Fille du Matelot.	50
Veuve de quinze ans.	60	Les deux Pommades.	40
Garde-Malade.	40	La Femme blasée.	50
Fruit défendu.	40	Les Filles de la Liberté.	50
Un Cœur de Grand-Mère.	60	Hercule Bellomme.	50
Nouvelle Clarisse.	50	Don Quichotte.	40
Place Ventadour.	60	L'Académicien de Pontoise.	50
Nicolas Poulet.	50	Ah! Enfin !	50
Roch et Luc.	50	La Marquise d'Aubray.	40
La Protégée sans le savoir.	50	Le Gentilhomme camp.-guard.	10
La Pianiste à Paris.	50	Les Peureux.	60
L'Homme qui se cherche.	50	Le Chevalier de Beauvoisin.	60
Maître Jean, ou la Comédie à la Cour.	60	Le Gentilhomme de 1847.	50
		La Rue Quincampoix.	50
Ne touchez pas à la Reine.	1	L'Ange de ma Tante	60
Une aunée à Paris.	50	La République de Platon.	50
Amour et Biberon.	50	Le Club Champenois.	50
Bal et Bastringue.	30	Le Club des Maris.	30
Un Bouillon d'onze heures.	40	Oscar XXVIII.	50
Cour de Biberack.	60	Une Chaîne Anglaise.	60
		Un Petit de la Mobile.	40
		Histoire de rire.	50
		Les 21 bous de Périnette.	50
		Le Serpent de la Paroisse.	50
		Agénor le Dangereux.	60
Avocat Pénitent.	50	L'Avenir dans le Passé.	60
Trois Paysans.	50	Roger Bontemps.	50
Chasse aux Jobards.	50	L'Été de la Saint-Martin.	50
Mademoiselle Gribintot.	50	Jeanne la Folle.	50
Père d'occasion.	60	Les Suites d'un Feu d'Artifice.	50
Croquepoule.	50	O Amitié!... ou les trois Époques.	60
Henriette et Charlot.	50		
Le Chevalier de Saint-Rémy.	60	La Propriété c'est le Vol.	60
Malheureux comme un Nègre.	60	La Poule aux Œufs d'Or.	60
Un Vœu de Jeunes Filles.	60	Élevés ensemble.	50
Sermons contre l'Incendie.	50	L'Hôtellerie de Genève.	40
Chapeau gris.	50	A bas la Famille ou les Banquets.	50
Sans d.t.	60		
La Sirène du Luxembourg.	60	Daniel.	
Homme Sanguin.	60	Jacques Mangars ou les Contrebandiers du Jura.	50
O néa.	60		
La Croisée de Berthe.	50	Le Voyage de Nanette.	50
La Filleule à Ninet.	50	Titine à la Cour.	50
Les Charpentiers.	50		
Mademoiselle Faribole.	50		
Un Cheveu Blond	50		
La Recherche de l'Inconnu.	50		
Les Impressions de ménage.	60		
L'Homme aux 150 millions.	60		
Pierrot Posthume.	60		
La Déesse.	60		

Imprimerie de Maistrasse et comp, Place du Chevalier-du-Guet.

www.ingramcontent.com/pod-product-compliance
Lightning Source LLC
Chambersburg PA
CBHW071443060426
42450CB00009BA/2288